I0758238

Luis Carlos Medina

Entre Calles y sueños

ISBN: 9798852179609

ÍNDICE

BASURITA BASURITA

—Basurita basurita, hoy tenemos que hablar
¿para qué me cuentes que haces en el fondo del mar?

Me responde:

—Claro joven, lo que quieras entender
te lo respondemos todos, desde el chicle hasta el cartel.

—¿Cómo pesas más que un barco, un estadio, o un avión?
toneladas de basura se encuentran por montón.

—Yo te cuento las historias que tenemos que contar
porque venimos de todas partes y te lo podemos narrar.

De a poquito y tantico, comenzamos a sumar
para hacernos poderosos y así al mundo poder contaminar
nos tiran en cualquier parte no les importan donde están
cada uno tiene una razón para justificar su actuar.

Por ejemplo:
Yo le doy trabajo al pobre, el que tiene que recoger
un papelito más no tiene nada que ver
una colilla de cigarrillo ¿qué mal podría hacer?
el planeta es tan grande que lo puede contener.

Esos pretextos y muchos más
nos dan vida para poder arrasar
con la fuente, la quebrada, el riachuelo, río y mar
dañando todas las especies que a nuestro paso podemos
encontrar,
sin importar que una u otra podamos acabar.

A nosotros nos crea la gente que no tiene honestidad
con el mundo que día a día les da una oportunidad
y con su soberbia e indiferencia no les importa acabar
con el futuro de niños y niñas que pronto crecerán.

—Basurita basurita, ¿qué concejos nos puedes dar?
para que con nuestras actitudes dejemos de dañar
a este mundo tan hermoso que queremos conservar.

—Claro joven, yo los puedo aconsejar
y escuche muy atento para que no vuelva a pasar
no consumas en exceso lo que no es vital
porque el consumismo nos sabe enredar.

Siempre vota la basura en su lugar
y concientiza a la gente lo bueno que será
dejar la pereza y ponernos a separar
esas cosas que utilizamos y las podemos reciclar.

¡Recuerda!
No importa en qué ciudad te encuentres
deja siempre los desechos en su lugar.

EN MI CAMIÓN

En mi camión, en mi camión, voy viajando en mi camión
tractomula, veintidós llantas, rines de lujo y un buen sillón.

Me levanto de mañana un poquito antes que el sol
sin bañarme ni vestirme yo me monto en mi camión.

Entre más curvas haya, mejor la conducción
porque doy vuelta a la derecha con mucha precaución
y después vuelta a la izquierda mirando por el retrovisor.

Mis cornetas suenan duro saludando a don Garzón
él me contesta con un silbido mientras le jala un pezón
a la vaca pintadita, que le toco ordeñar hoy.

Más adelante a lo lejos doña Lina sale con un cajón
llenito de comida para que le haga un favor
se lo lleve a su hijito que ya es todo un doctor
para que prepare las arepas, y también el frijol
que no deja de comerlos, desde que se marchó.

Media hora de camino, y a lo lejos miro yo
una chiquita que me tiene robadito el corazón
una niña ojos azules con pelo color miel
que le llega un poquito más abajo del derrier.

Le miro con ternura, y al lado me paro yo
y picándole el ojito, le digo: ¿te llevo?
la muy creída me dice, no gracias, señor
pues ni le ruego un poquito y engranando mi camión
me voy por la carretera cantando una canción.

Adelantico donde doña Tere, estaciono mi camión
a pedir un desayuno, que ya me merezco hoy
de entradita pido mute, arepa y chicharrón
y apenitas los acabo ellos me hacen un favor
me traen un tamal con chocolate, queso y jamón.

Hoy no tengo mucha hambre, pero me echan en dos talegos
mantecadas, almojábanas y una bolsa de panderos
ya llenito y contento me subo en mi camión
y tocando las cornetas, de doña Tere, me despido yo.

Una hora de camino y de pronto se sintió
una llanta que piso un clavo y poco a poco se desinfló
sin conocer a nadie comienzo a trabajar
cuando de pronto la gente me comienza a ayudar
conozco a doña Rosa, a don Julio y don Ramón
también a don Pancracio, Ernestina y a Simón
que después de risas, cantos, y un poquito de sudor
nos tomamos un guarapo pa' bajar el sedonón
"Muchas gracias" me despido y sigo con mi labor
y los dejo tomando una totumada, que esa la gaste yo.
...

Ya acabando con mi ruta, escucho a mi mamá
que con un alarido me hace reaccionar.

¿Otra vez jugando al camión? ¿Con la tapa del tazón?
ande lleve las chancletas de su taita que ya se levantó
y deje ese palo de escoba que tiene en el sillón
donde siempre se sienta a jugar a su camión.

Camine a ver rápido a bañarse mi señor
que ya pronto entra, a estudiar hoy
y no vaya a estar distraido pensando en su camión
porque la profe nos llama a juntitos la atención.
                    …

Y aunque pasa muy seguido esto en mi imaginación
es la verdadera vida, de los que manejan un camión.

EL MAYORDOMO

El mayordomo está loco porque no encuentra su cinturón.

Su cinturón tiene solo cuatro bolsillos
¿no sé por qué se frustró?
¿será porque en un bolsillo tiene llaves por montón?

Unas abren las puertas y otras un portón
que lo conducen a la caldera y a un grandísimo farol
que prende todas las noches para alumbrar un gran
balcón.

Unas son de la limosina, otras del Ferrari y del Rolls Royce
del Jaguar, de un Mustang, y también de un Porche.

También las de las motos que le gustan al patrón
le preocupa la de la Ducati, donde se va a ir hoy.

Tiene las del yate, las del barco y el avión
otras de las cajas fuertes donde guardan lo de valor.

Unas son de la cocina, donde guardan el jamón
y un pedazo de marrano que se van a comer hoy.

¡La del granero que me dicen!, donde guardan lo del mesón
carne, huevos, leche, queso y un poquito de frijol
arracacha, yuca, plátano, pescado y camarón.

¡De la bodega ni se diga! hay guardan lo del tablón
cepillos, cremas, perfumes, tabacos y también jabón
las pinturas de la jefa que se va a maquillar hoy
y la droga de la abuela. ¿Qué se ira, a tomar hoy?

Del abuelo ni se diga, cuando se entere que no
 puede sacar a Tony, por qué se refundió el cinturón.

Pero lo que más le preocupa es solo una razón
las llaves de la bici de la nenita, que va a montar hoy
¡ay si se va a poner brava!
cuando se entere que se perdió el cinturón.
                        ...

Los otros tres bolsillos después se los cuento allí
ya que es del más pequeño del que he hablado hasta aquí.

BOLSITA DE LECHE

¡Ay bolsita de leche!
que feliz me has hecho
me alimentaste la imaginación
el espíritu y el pecho.

La tomaba al desayuno
comidas y almuerzo.

Avenita, juguito
chocolate y cafecito
me gustaba tomar
cuando era chiquito.

Vitaminas me sobraban
todo era muy nutritivo
y siempre estaba jugando
pues me gustaba ser activo.

Pero lo que más me gustaba
era esculcar en la basurita
para sacar la bolsa
donde venía empacadita.

Corriéndito la llevaba
donde mi hermanito
y la llenábamos de papeles
más bolsas y trapitos.
Con una cabuya

tapábamos su boquita
y dándole vueltas y vueltas
ya teníamos una pelotica.

Unos pedazos de piedra
como arco se ponían
para empezar el juego
que pronto no acabaría.

Ni mundial, ni liga
se compararía
lo que mi hermano y yo
jugábamos de noche y día.

Haciéndonos unas jugaditas
rabonas, cucas y chilenitas
sacábamos a relucir
todas nuestras mañitas.

Perros, gatos y ratones
de la acera nos veían
y haciendo ruidos raros
en público se convertían.

Pasábamos horas y horas
jugando en un callejoncito
hasta que mis padres nos llamaban
pues ya nos íbamos pa' nuestro ranchito.

Es la historia de una bolsa
llena de papelitos
que se prestaba para hacernos
muy felices cuando chiquillos.

¿ARMAS O DESARMAS?

¿Qué arman las armas?
¿qué armarán?
por lo que veo
nada armarán.

Cuando se usan
dejan desastres
tristezas, tragedias
y muchísimo más.

No armes las armas
le digo compadre
por qué con las armas
tragedias vendrán.

A muchos jóvenes
especialmente los pobres
un arma sus vidas
podrán acabar.

A muchas familias
destruyen las armas
si yo fuera ustedes
no las volvería armar.

A padres y madres
sin querer un día
sin familia un arma
los puede dejar.

A ricos y pobres
a viejos y jóvenes
este consejo
les vengo yo a dar.

Portando un arma
no los hace más hombres
y sin querer un día
las tendrán que usar.

Con estudio y trabajo
también entusiasmo
yo, usted y su familia
podremos armar
naciones, regiones
ciudades y barrios
donde crezcan los niños
viviendo en paz.

Para desarmar al pueblo
hay que armar corazones
y el gobierno si quiere
lo puede lograr
educando al pueblo
al joven y niño
buscando equidad
y justicia social.
Y yo me despido
usando un arma
que escribe y raya
y mella hará.

*Porque con un lápiz
demuestras tu arte
y tus huellas dejas
en la sociedad.*

EL DESAYUNO DE LA PRINCESA

Cuatro y media de la mañana.

Se levanta el mayordomo, su castillo está en total silencio, ordena a Juan que despierte los sirvientes, Juan toca las alarmas, también las campanas, y hasta el gallo canta en el gallinero.

Comienza el correcorre del día, afanado el mayordomo empieza a dar órdenes para tenerle todo listo a la princesa.

En la cocina se escucha el algarabío de los empleados, suenan platos, ollas y sartenes.

En el patio de ropas otros preparan la exhibición de los más lujosos vestidos para que la princesa escoja cual se va a poner para desayunar.

Mientras seis meseros, cuatro aseadoras, un decorador y su ayudante, preparan el comedor de más de veinte metros de largo y más de cincuenta sillas. Comienzan por extender el mantel de terciopelo bordado con encaje en oro de la realeza.

Los platos de porcelana francesa deben de ser correspondientes al día, las cucharas de platería alemana deben llevar el grabado correspondiente de hoy, el orden de los cubiertos y platos deben de ser perfectos, casi ordenados con cinta métrica en mano, en un lado de la mesa debe de ir un frutero de cristal fino lleno de frutas recién cogidas de los extensos huertos del palacio, en el otro extremo debe de ir un florero, que les regalo el príncipe Carlos tercero; con flores recién cortadas y del color que la princesa, el día anterior había escogido, y en la mitad de la mesa no puede faltar lo más preciado de la princesa, su cisne de trapo.

Salen los chefs corriendo con la orden del día, más de quince recipientes llenos de manjares y postres deliciosos. Se sitúan al lado de la silla donde seguramente se va a sentar la princesa.

De repente se abre la puerta de más de cuatro metros de alto por donde siempre sale la princesa a desayunar, cuando poco a poco se ve una sombra que se comienza a asomar, sale el mayordomo y les dice:
"Hoy la princesa no desayunará acá. Desayunará con unas amigas".

Rico o pobre; negro o blanco se disponen a hacer
de esta linda sabanita un lugar para crecer.

Madrugando se levantan a tomar un café
pues esto les da ánimo para lo que tienen que hacer.

Al abrir la puerta para salir a su labor
es como si abrieran un gran congelador.

No importa lo que oigan de esta linda capital
aquí es más la gente buena que ayuda a progresar.

Gente amable, cariñosa y siempre tan cordial
que abren la puerta a todos los que llegan a Bogotá.

El señor que cede el puesto, la señora que deja pasar
al niño el maestro enseña, con amor y calidad.

Trabajando y estudiando nos queremos superar
teniendo siempre tolerancia y muchísima honestidad.

Es lo que en verdad sucede en esta linda capital
lo que pasa es que las noticias malas
dan más plata que la verdad.

CANELO

A Canelo yo le escribo una muy buena versión
de ese perro que un día, en una ciudad nació.

Mi hermano mayor un día a escondidas lo llevó
y batiendo su colita a mis papás convenció
de quedarse en nuestra casa y robar el corazón
de todita una familia que feliz lo recibió.

De cachorro le gustaba jugar con el jabón
y la espuma se le pegaba en el hocico y su cordón.

Saltando de mueble en mueble prontico dañó
el sofá que mi padre un día a mi mamá regaló
castigándolo por rebelde pa' afuerita lo sacó
haciéndole una casita de plástico y cartón.

Al poco tiempo mi madre pa' adentrico lo mandó
pero el muy vago no quiso, pues la calle le gustó.
...

Batía su rabo, ladraba, saltaba y también aullaba
al escuchar el ruido del carro, que mi papá manejaba
una camioneta grande, que por la noche cuidaba
y si un ladrón se acercaba, como fiera atacaba.

Un día se arriesgó a ir detrás de papá
como el carro era tan rápido, no le sirvió trotar
y cual gacela veloz, más rápido que un huracán
a la camioneta alcanzo, este muy preciado can.

Su premio recibió, agua, gallina y pan
por atreverse a realizar, ese semejante plan
y así se acostumbró a ir detrás de papá
y los vecinos del barrio, eran sus más grandes fans.

...

Un marrano llegó y en amigo se convirtió
del perro más agraciado que en este barrio se vio
la pasaban muy bien y a su manera se hacían entender
especialmente a la hora que querían algo de comer.

Y así crecieron de a poco marrano, perro y dos niños
que eran un buen ejemplo de cómo ser buen amigo.

Arribita de una loma se disponían a correr
dos niños, marrano y perro, toditos a la vez
y cual olimpiada veraz, toditos salían a correr
cuando un niño contaba, a la una, a las dos, y a las tres
era un espectáculo que no se lo podía perder
ni Jacinto, ni doña Tere, ni Pancracio, ni doña Inés.

...

Así pasaban los días muy llenitos de alegría
con ese perro Canelo, que más viejo se convertía.

Ya viéndose muy enfermo y lo viejo que se ponía
un día Canelito se retiró del barrio donde vivía.

Lo buscamos por todas partes donde se solía estar
pero fue imposible nunca se pudo encontrar.

*Fue un perro tan inteligente que no nos quiso causar
una sensación de tristeza, cuando lo viéramos dejar
esta vida que disfrutaba, con nosotros; mamá; y papá.*

MIS ZAPATOS

¡Ay mis zapatos rotos!, que triste están mis pies
todo por unos chismosos, que no saben lo que es
tener unos zapatos que luzcan, de la cabeza a los pies
con los que puedan jugar, futbol, baloncesto y ajedrez.

Los vecinos del barrio comenzaron a decir
pobrecito ese niño que no tiene que vestir
si supieran lo bueno que es compartir
con un par de amigos hasta que dejen de existir.

Mis deditos los gorditos se asoman a través
por los huecos que hicieron, con mucho esfuerzo mis pies.

Una que otra piedrecita se me atraviesa en el andén
y a pataditas la llevo, para que me acompañe a traer
mandaditos a la tienda, para que mi familia pueda comer
carne, huevos, leche, soya, pan, arepas, papa y pez.

A carreras arrancamos rapidito a escapar
cuando Tony el perro bravo nos quiere atrapar
y somos tan rápidos, que no nos puede ni ver
cuando mis súper zapatos, arrancan a correr.
Saltándito me llevan a la escuela a través
de montañas que tienen, piedras, barro y aridez
rapidito me trasportan y allá puedo aprender
matemáticas, ciencias, lenguas y nadita de inglés.

Partiditos de futbol nos ponemos a jugar
con Carlos, Cesar, Diego, Mauricio, Pedro y Juan
y una que otra puertecita, se toca y a correr
por qué el dueño de casa, de pronto nos puede coger.

A una niña yo visito y mucho me gusta correr
hacia la casa de ella y así poderla ver
es tan lindo saludarla que los deditos de mis pies
no les da pena asomarse, aunque ella los pueda ver.

Aunque me compren zapatos nuevos; nunca los olvidare
y algún día una historia; con mucho cariño les compondré.

MI AMIGUITA

¡Ay lluvia de adonde vienes!, que me haces tan feliz
aunque a muchas personas no las hagas sonreír.

Cuando cierro mis ojitos me llevas a través
de todos estos años que te he visto caer.

Me acuerdo de unas botas que esperaban la razón
que estaba lloviendo para ponersen en acción
las sacaba rapidito y me ponía a brincar
en cualquier charco, que estuviera en un barrial.

Mi corazón saltaba y hasta perdía la razón
cuando por la noche se escuchaba una bonita canción
que entonabas en mi techo como si fueras un tenor
arrunchadito me acostaba y me metía en mi rincón
y dormidito me quedaba oyendo esa composición.

Un barquito que hacía con un pedazo de cartón
lo metía en los charcos, y en capitán, me con vertía yo.

Sentadito me quedaba y me ponía a ver
a través de la ventana cuando se ponía a llover
no sé ni lo que pensaba, pero si podía ver
el espíritu del planeta que se hacía entender.

*Eres linda y romántica, enseñas todo tu amor
y nos conectas con el espíritu, de nuestro gran creador.*

*Alimentas todo el mundo, y nos haces sonreír
cuando te conviertes en agua, que se puede consumir.*

*A los arbolitos ayudas para que puedan crecer
y así todo un planeta poderlo mantener.*

*y tengo un compromiso no contaminar
para que caigas limpia y sana, y poderte contemplar.*

EL PRESIDENTE

Cuando sea presidente voy a decretar
que las correas sean de tela y no de material
para que las niñas y niños, no vuelvan a gritar
a la hora que sus padres, quieren cuentas ajustar.

Cuando sea presidente voy a mandar
que las madres y los padres, los festivos no vuelvan a trabajar
para que con sus hijos los puedan pasar
enseñándoles lo que con su sabiduría nos pueden otorgar.

Cuando sea presidente voy a usar, el saquito de trencito
que no me dejan colocar, mis amigos los del barrio
porque se echan a burlar.

Cuando sea presidente voy a quitar
las fronteras para que mi tío
me pueda venir a visitar.

Cuando sea presidente voy a comprar
una tabla bien buena con la que pueda armar
la patineta que tanto quiero y no he podido comprar
para que Jorge no vuelva a chicanear
con la que él tiene y no me deja montar.

Cuando sea presidente voy a sacar
todos los animales que viven en corral
para que puedan correr, nadar y volar.

Cuando sea presidente voy a tapar
en el equipo de futbol al que no puedo ingresar
todo porque no soy amigo del que suele mandar.

Cuando sea presidente no voy a dejar talar
los árboles que con mucho esfuerzo Dios ha puesto en su
lugar
que corten los que siembra la humanidad.

Cuando sea presidente voy a publicar
las coplas que mi padre suele cantar
para que todos a carcajadas podamos alimentar
la felicidad que se nos ha olvidado encontrar.

Cuando sea presidente a mi vecina le pediré
el favor que a mis profes les enseñe a proceder
de una manera adecuada que nos ayuden a entender
esos temas que con mucha astucia, ella hace comprender.

Cuando sea presidente las gracias les daré
a todas esas personas que me han visto crecer
y me han enseñado que con amor y honestidad
podemos poco a poco nuestras metas alcanzar.

Cuando sea presidente a mi mamá voy a invitar
para que mire que de ella, me aprendí a comportar
y con fortaleza y aguante ella pudo criar
cuatro hombres, dos niñas, muchos perros y un turpial.

EL ENCUENTRO

Pecas, Lucho y Pollo se disponen a jugar
haciéndose una señal con el balón se van.

En la esquina los esperan Chiqui, Gato y Gabriel
y estrellando sus manitos se apresuran, y a correr.

Ya faltan pocos para ir a jugar
en la cancha del barrio donde se suelen encontrar.

Llaman al Surdo que le gusta jugar
de día y de noche hasta que lo van a llamar
pero les dice: hoy quiero descansar
pues mis piecitos ni un balón pueden tocar
golpeen en la otra casa que esta Ipi y Armando
que no estaban haciendo nada y los tienen trapeando.

Tocan la puerta y les abre Armando
pero su mamá al verlos los saca volando
toditos los seis salen a correr
y de la risa no se pueden contener
pues fue tal el susto que les dio la mamá
que por un poquito, hasta palo les da.
Se ponen a pensar ¿qué hacemos los seis?
vamos a la otra cuadra a ver si esta Andrés.

Andrés, Chocolate, el Primo y el Flaco
los estaban esperando desde hacía rato
el Primo les dice vamos a jugar
porque Lucas y el mono se nos van a pegar.

Pasan por donde el chino que vende arroz
a ver si su hijo Teo y su hermano veloz
quieren ir a jugar juntico los dos
su padre les da permiso con condición
que más tarde lleguen a limpiar el sillón.

Corriendo al parque felices se van
pero cuando llegan ocupado está.

¡Aaaa!, dijeron todos con gran preocupación
cuando vieron que jugaban basquetbol.

Para todo hay solución dijo el Gato
propongámosle que juguemos de a rato.

Jugaron, y jugaron hasta que anochecieron
y se fueron felices, pues a otros niños conocieron.

MI MONSTRUO

Hoy se salió mi monstruo por qué me descuidé
y de un momento a otro no lo pude contener.

Que parece un dragón o algo similar
eso dicen los que lo han visto merodeando por ahí.

Al primero que atacó fue a mi papá
pero ni cuidado le puso y lo mando a bañar.

Se fue para la alcoba y le gruño a mamá
ella con una mirada ni lo dejo hablar.

En el pasillo se encontró con mi hermano mayor
pero con él no se mete, pues él siempre tiene la razón.

A mi hermana encontró y a ella la reto
y sin mediar palabras de inmediato libero
a su monstruo; ojos grandes patas anchas
peligrosas garras y en la lengua un motor
que tiene más revoluciones que un ventilador.

Y comienza la función
no se sabe cuál es más fuerte o cual tiene la razón
lo que sí tienen es su buen agarrón
comienzan con colores claros y terminan sin color
oscureciendo el momento y tiñendo el alrededor
dejando en el ambiente, una muy mala sensación.
Sin saber quién ganó
se aleja gritando por el corredor.

Mis hermanitos pequeños le tiran un cordón
buscándole el juego, pero peor se enojó
y mostrándoles sus dientes, de inmediato los alejó.

A la beba de brazos ni la volteó a mirar
pues sabe que con ella no tendrá oportunidad.

En el patio se encontró, con mi abuelo el mayor
y el con sus consejos, y un poquito de amor
de a poquito lo fue calmando, hasta que lo durmió.

Y me dijo:
Calma mijo, no deje salir ese mal humor
que enserio parece, que fuese un dragón.

LOS ZOMBIS

Cuidado con los zombis, que los hay los hay
existen en esta ciudad y muchas más.

No te chupan la sangre ni tu cuerpo te comerán
pues su estrategia es distinta y tú la tienes que evitar.

Algunos son portadores, otros, de negocio lo tendrán.

La sangre fresca les gusta y cualquier cosa se inventarán
para hacerte caer en su juego que es una trampa mortal
te ofrecen un cigarrillo o una prueba quizás
de alguna sustancia rara que tarde que temprano, te
atrapara.

Que es inofensiva, que es para pasar un rato no más
que cuando tú quieras la puedes dejar
esto es mentira porque la verdad
lo que realmente quieren es meterse en tu cerebro y poderlo
controlar.

Después que la pruebes difícil será
salir de ese hueco que en remolino se convertirá
y envolviéndote cada día más y más
a lo profundo del mundo de zombis te absorberá.

No pienses que es mentira pues los encontrarás
en las calles y barrios llevando un costal
y o bien escondida una dosis letal.

Ámate mucho, escucha a Dios, y a tus papás
y verás que estas sustancias de ti alejadas estarán
pues los corazones de las buenas personas que se dejan
guiar
nunca caerán.

No los critiques pues su responsabilidad tendrán
de pronto no tuvieron fuerza de voluntad
para decirle NO, al que supuestamente los quería ayudar
y los hundió en drogas y degenere social.

Con tus poderes y tu mentalidad, podrás decir NO al que
te quiera jalar,
a probar cosas raras que no te convendrán.

Ayudemos entre todos, con nuestras acciones y mentalidad
actuando y pensando positivamente
que algún día estas personas de zombis saldrán
y en personas libres, nuevamente se convertirán.

APRENDIENDO A ESCRIBIR

Te quielo mucho mi amol
No lo sé esclibil, pelo si se lo que es.

Quielo a mi mamá pol que me enseñó a caminal.
Quielo a mi papá pol que me enseñó a cantal.
Quielo a mi helmano mayol pol que me enseñó a soñal.
Quielo a mi helmana mayol pol que me enseñó a bailal.
Quielo a mi otlo helmano pol que me enseñó a loqueal.
Quielo a mi otlo helmano pol que me enseñó a no mentil.
Quielo a mi helmana menol pol que me enseño hacel tielno.
Quielo a mi pelo Canelo pol que me enseñó a reil.
Quielo la tierra pol que me da comida y agua, también sol
y luna. Flio y calol. Lluvia y sequía.
Quielo el aile que tlae alomas, lleva semillas, tlae las nubes
para que llueva en mi ciudad, también se las lleva cuando
comienza a diluvial, también tlae vientos para que pueda
mi cometa eleval.
Quielo a don Pablo que able su tienda y tlae comida pa
prepalal, tlae tomates, cebolla y cirantro, arroz y alveljas
y las moritas que suelo complal.
Quielo a doña Dora que vende la calne, el pollo, el celdo,
para prepalal, esas costillas que tanto me gusta devolal.
Quielo el gato de mi vecina por su pelaje y polque se deja
acalicial.
Quielo el palque donde jugamos con mis amigos hasta
cuando la talde se va.

Quielo a mi amigo del coregio pol que es diveltido y re gusta escuchal mis cuentos y sueños que suero invental.

Quielo a mi padle que me tlae maní cada vez que llega de tlabajal.

Quielo a mi madle cuando apostamos con el hueso del pollo después de cocinal.

Quielo al calo que tenemos pala que salgamos a paseal.

Y aunque me moresten también quelo esa niña que en la escuera me gusta milal.

Quielo los alboles que pulifican el aile que tenemos pa respilal.

Quielo el agua pol que me lava, también pol que me quita la sed, y en ella viven unos peses que me gusta sentalme a milal.

Quielo y amo la vida, pol que puedo vel y sentil también, olel, y ponelme a pensal que linda es la libeltad.

No impolta como lo esclibas o si no lo sabes ni deletreal; lo impoltante es que sientas, disflutes, y ames, sel palte de todo esto, que con mucho caliño, Dios no lo save legaral.

Luis Carlos Medina

AUTOR

Luis Carlos Medina

    Nací en Bogotá; me crie en un barrio al sur de la localidad de ciudad bolívar, donde la competencia es necesaria para la supervivencia. Ahí aprendí que muchas veces la violencia no es una opción si no una necesidad creada por las situaciones económicas y culturales.

 La diversidad de las personas que construyeron y habitan en estos barrios es muy amplia; ya que, como mis padres fueron desplazados por la ambición de un mejor futuro; buscando oportunidad de progreso e independencia de sus parientes. Arribaron de diferentes departamentos, municipios, veredas o barrios de otras ciudades, trayendo con ellos distintos principios, humores y dialectos. Lo único que tenían en común era su buen sentido del humor y como ellos lo decían "salir pa' lante". Esto hizo que la personalidad de la mayoría que nos criamos en estas condiciones sea tan diversa como su gente.

  Debido a circunstancias vividas (no tan agradables), mi comunicación con los demás era casi nula. Me dediqué a escuchar y observar lo que pasaba en nuestro entorno, comprendí que la fantasía y la imaginación son una fuente de comunicación en nuestra sociedad, aprendí a examinar y llegar a conclusiones que solo yo debatía consigo mismo, podía crear ambientes según lo descrito por alguien, podía situarme en lugares donde nunca había estado. Esto me ayudó a establecer en mí una amplia imaginación con diferentes gamas de situaciones y supuestos. Sacando provecho de esto, he podido crear algunos cuentos, relatos y reflexiones. Y poner en marcha un mundo de ideas que con gusto te compartiré.

sololibres.com

www.ingramcontent.com/pod-product-compliance
Lightning Source LLC
Chambersburg PA
CBHW070225260726

48658CB00006BA/2168